THE ROADS HAVE
COME TO AN END NOW

The Roads
Have Come
to an End Now

SELECTED AND LAST POEMS
OF ROLF JACOBSEN

Translated by
Robert Bly,
Roger Greenwald
& Robert Hedin

 Copper Canyon Press
A Kage-an Book

Vrimmel 1935, *Fjerntog* 1951, *Hemmelig liv* 1954, *Sommeren i gresset* 1956, *Brev til lyset* 1960, *Stillheten efterpå* 1965, *Headlines* 1969, *Pusteøvelse* 1975, *Tenk på noe annet* 1979, *Nattåpent* 1985

LIBRARY OF CONGRESS CATALOGING-IN-PUBLICATION DATA
Jacobsen, Rolf.
[Poems. English. Selections]
The roads have come to an end now: selected and last poems of Rolf Jacobsen
/ translated by Robert Bly, Roger Greenwald, and Robert Hedin.
    p. cm.
ISBN 1-55659-165-9 (alk. paper)
1. Jacobsen, Rolf—Translations into English. I. Bly, Robert.
II. Greenwald Roger. III. Hedin, Robert. IV. Title.
PT8951.2.A38 A23   2001
839.8'2172—DC21   2001004488

9 8 7 6 5 4 3 2 FIRST PRINTING

COPPER CANYON PRESS
Post Office Box 271
Port Townsend, Washington 98368
www.coppercanyonpress.org

ACKNOWLEDGMENTS

The poems were originally published in Norwegian by Gyldendal Norsk Forlag AS, Sehestedsgate 4, 0130 Oslo, Norway.

Robert Bly's translations have previously appeared in *American Poetry Review, Cafe Solo, Massachusetts Review, Modern Poetry in Translation, Nimrod,* and *The Sixties.* Several were also published in *Twenty Poems of Rolf Jacobsen* (Madison, Minnesota: The Seventies Press, 1977). Roger Greenwald's translations have appeared in *WRIT Magazine* and were published in *Did I Know You?* (Oslo, Norway: Gyldendal Norsk Forlag, 1997). Robert Hedin's translations have previously appeared in *Alaska Quarterly Review, American Poetry Review, Charitan Review, Cider Press Review, Colorado Review, Crab Creek Review, Great River Review, International Poetry Review, Journal of Contemporary Anglo-Scandinavian Poetry* (UK), *Literary Review, Mid-American Review, Nimrod, Paintbrush, Poetry East, Poetry Ireland Review, Poetry Wales, Scarp Australia,* and *Willow Springs.* Several also appeared in *Night Music: Poems of Rolf Jacobsen* (Brockport, New York: State Street Press, 1994).

Translator's initials appear under each translation in this volume.

Copper Canyon Press gratefully acknowledges Art Hansen for the use of *Vashon Farm 2000* on the cover.

Copper Canyon Press is in residence under the auspices of the Centrum Foundation at Fort Worden State Park in Port Townsend, Washington. Centrum sponsors artist residencies, education workshops for Washington State students and teachers, blues, jazz, and fiddle tunes festivals, classical music performances, and The Port Townsend Writers' Conference.

Kage-an Books (from the Japanese meaning "shadow hermitage" and representing the "shadow work" of the translator) present the world's great poetic traditions, ancient and modern, in vivid translations edited for Copper Canyon Press by Sam Hamill.

Contents

PART II

PART III

THE ROADS HAVE
COME TO AN END NOW

Homage to Rolf Jacobsen

We are three translators who have come to admire the poems of Rolf Jacobsen separately, so to speak, and we have decided to come together to honor this great poet with a single book. We began our selection with poems from his first volume, *Swarm* (*Vrimmel*, 1935), and we concluded with his last book, *Night Watch* (*Nattåpent*, 1985), published fifty years later.

Each of us has found a somewhat different poet whom we love in Rolf Jacobsen. I love the radiance with which Rolf Jacobsen praises this complicated creation. He says "the seeds of fire" must have been broadcast by some sower. These seeds, he says, will stay there in the loam:

> they will sleep there
> greedily, and drink up our lives
> and explode it into pieces
> for the sake of a sunflower that you haven't seen
> or a thistle head or a chrysanthemum.
>
> Let the young rain of tears come.
> Let the calm hands of grief come.
> It's not all as evil as you think.

There is a little here of Saint Francis, of the glory of Gerard Manley Hopkins. The Hopkins-like essence isn't in Jacobsen's style but in his love of the speckles on the side of the trout, and in his love of all things "counter, original, spare, strange… Who knows how?" This ability to praise nature and the creation comes from an intact rural civilization, a civilization still in touch with nature. Jacobsen's poetry is a testimony to Norway's honorable way of protecting its own landscape, its farmers, its elders, and its country life to this day. Norway has the highest percentage of women in government of any nation in the world. All this protecting and welcoming is a mark of adulthood in a nation, and we note that Norway has not become an adolescent society as the United States has now become. Despite his love of the countryside, Rolf Jacobsen became the first Norwegian poet who welcomed the industrialized world into his poetry. He finds a place not only for buses—which he sometimes compares to hippopotamuses— but for Scotch whisky signs, smokestacks, and power plants.

Rolf Jacobsen was born in 1907 and lived much of his adult life in Hamar, a town north of Oslo, where he worked for many years as a journalist and newspaper editor and played a critical role in the introduction of modernism to Norwegian poetry. Initially, turbines, asphalt, and electrical lines were seen by Jacobsen as a positive expression of human potential. The critic Frankie Shackelford says of him that "after World War II, Jacobsen becomes more skeptical of technology's promise.... Many poems from the 1950s and 1960s focus on small or forgotten things that take on symbolic significance, and an undertone of pessimism is heard. Throughout the 1970s, Jacobsen's poetry grows increasingly critical of all aspects of consumer society."

His poetry has been translated into more than twenty languages. A member of the Norwegian Academy of Language and Literature, he was honored with many prizes and awards for his work, including the Norwegian Critics' Prize, the Aschehoug Prize, and both the Dobloug Prize and the Grand Nordic Prize from the Swedish Academy.

Robert Hedin has translated many of the countryside and creature poems of Jacobsen and translated them very well; yet Hedin has also chosen many poems that relate to Jacobsen's fascination with the stars. He responds to Jacobsen's longing to go far out beyond the galaxies. In a wonderful poem, Jacobsen asks what happens when a fly gets into a telescope. The astronomer breaks into tears when he sees a dark hole in the heavens where Sirius should have been. He felt very relieved when he realized it was a fly. Jacobsen imagines a stone that seems to be aware of the stars; and the stone insists it will still be around after Orion has lost his sword and after the stars in the Big Dipper have shifted. Hedin has translated beautifully Jacobsen's poem about clouds that seem to be waiting for God to visit:

> The clouds float back and forth through the wind's doors
> with their eternal linens in their arms.
> ...
> ... waiting for guests
> who never come.

The opening lines make a fine use of *ns*, and remain absolutely faithful to the meaning of the original. Hedin loves the expansion upward that Jacobsen's poems offer. As a translator, he is expert in capturing the playful mood of Jacobsen's Norwegian. For example, here is the playfulness of a snail that Jacobsen compares to a blind singer:

> Carefully, he bends
> each blade aside, listens closely
> for any danger there. Then he plays
> the joyful song of the grass
> on his trumpet.

The third translator, Roger Greenwald, has published two selections of poems by Jacobsen and in 2002 will publish a revised, expanded compilation. We are delighted to be able to include here his translations of ten poems from Rolf Jacobsen's last book. These poems were written during his wife's illness and after her death. They seem to me to be some of the finest poems of the late century. Greenwald follows Jacobsen's feelings and emotions with great skill.

> It all went so fast. Two staring eyes. Words
> I couldn't catch, that you said over and over.

And suddenly nothing more. You slept.
And now they're all lying here, days and summer nights,
the grapes in Valladolid, the sunsets in Nemea
— under the snow. Under the wreath of cedar.

He remembers their wedding day in 1940: it was twenty-five be-
low, the war was already there, the road to the church was blocked
with barbed wire, the minister told them, "Love is a *path* you
must walk." Jacobsen recalls in "Room 301" the day of her death.

(Your hand, your small hand.)
The other one they've laid on your breast,
curved around a rose. Red on white. A bride
but not mine.
Then the time is up. Someone's waiting.
(Face, forehead, hands.)
I walk toward the door;
northern lights, swarm of stars —
be open.

It takes great skill as a translator to achieve such transparency.
So with these last poems of Jacobsen (who died in 1994), we have
brought to a close the honoring of this magnificent poet, so well
known in Europe, so little known in the United States.

ROBERT BLY

PART I

from
Swarm (Vrimmel), 1935
Express Train (Fjerntog), 1951
Secret Life (Hemmelig liv), 1954

Gummi

En hvit morgen i juni klokken fire
da landeveiene ennu var grå og våte
gjennem skogenes uavladelige tunneller,
hadde det gått en bil over støvet
der hvor mauren kom syslende ut med sin barnål nu,
og blev vandrende rundt i det store F i «Firestone»
som stod presset i landeveissandet
over et hundre og tyve kilometer.
Furunåler er tunge.
Gang på gang gled den med sin vippende last
tilbake
og arbeidet sig op igjen
og skled tilbake igjen.
På reisen frem over det store, skybelyste Sahara.

Country Roads

A pale morning in June 4 AM
the country roads still grayish and moist
tunneling endlessly through pines
a car had passed by on the dusty road
where an ant was out with his pine needle working,
he was wandering around in the huge F of Firestone
that had been pressed into the sandy earth
for a hundred and twenty kilometers.
Fir needles are heavy.
Time after time he slipped back with his badly balanced
load
and worked it up again
and skidded back again.
Traveling over the great and luminous Sahara lit by clouds.

[R.B.]

Odda

Røken stiger op av jorden
og klatrer op i himlen med sine tauer
og henger dem der som antenner
som skal signalisere dag og natt:

Vi hilser dere, alle vulkaner på jorden:
Vesuv, Birmingham, Pittsburg, Essen.
Ilden som nærer sig av skyggene
og brer sig ut i mørket fra land til land,
sender sine røker mot himlen
her og der:
Vesuv, Pittsburg, Essen.
—La oss stå
som skystøtter om dagen,
som ildstøtter om natten
over Israel.

Odda

The smoke rises from the earth
and climbs with its ropes into the sky
and hangs them there like antennae
that signal day and night:

We greet you, all volcanoes on earth:
Vesuvius, Birmingham, Pittsburgh, Essen.
The fire that feeds on the shadows,
that spreads through the dark from land to land,
sends its smoke into the sky
here and there:
Vesuvius, Pittsburgh, Essen.
—Let us stand
as columns of clouds in the day,
at night as fiery pillars
over Israel.

Arv og miljø

Uskyldig
med store pupiller
og forskrekkede øienbryn
og munnen nysgjerrig spiss
som et barn
går hun til dans
under glatte projektører, kjelne projektører.
Tango og
Cucaracha
til kastanjetter, slik:
Armene løftet. To skritt til siden.
Knekke klosset i knærne.

Nu stirrer
med uskyldige pupiller
og forskrekkede øienbryn
gassmasken ut over verden
med sin snabel nysgjerrig spiss
som et barn.

Så går vi til dans
under kolde projektører, hvite projektører.
Tango og
Cucaracha
til mitraljøser, slik:
Armene løftet. To skritt til siden.
Knekke klosset i knærne.

Heredity and Environment

Innocently
with large eyes
and twisted eyebrows
and mouth curiously pursed
like a child
she goes to start dancing
under dimmed floodlights, hooded floodlights.
Tango and
Cucaracha
to the castanets, so:
Arms raised. Two steps to the side.
Bend clumsily in the knees.

Now with innocent eyes
and twisted eyebrows
the gas mask stares out over the world
with its snout curiously pursed
like a child.

So we go to start dancing
under cold floodlights, white floodlights.
Tango and
Cucaracha
to machine guns, so:
Arms raised. Two steps to the side.
Bend clumsily in the knees.

[R.B.]

Mose, rust, og møll

Mosen kommer ut av jorden.
Lydløst som nattens flaggermus
setter den sig på stenene og venter,
eller nede i gresset
med sine askegrå vinger.

Rusten går fra nagle til nagle
og fra jernplate til jernplate i mørket
og undersøker nøiaktig
om tiden er inne.
Når stemplene er gått til ro;
når bæresøilene er langt inne i natten,
skal den gjøre sitt blodige, stille arbeide.

Stjernenes hvite møll
sitter i klaser på himmelens mørke glassruter
og stirrer
or stirrer pø byenes lys.

Moss, Rust, and Moths

Moss rises from the ground.
Quiet as bats at night
it settles on the stones and waits,
or down in the grass
with ashen wings.

Rust passes from bolt to bolt
and from iron slab to iron slab in the dark,
and closely examines
if the time is right.
When the pistons have come to rest,
when the girders have gone deep into the night,
it will do its quiet, bloody work.

The stars like white moths
cluster at the dark windowpanes of heaven
and stare
and stare at the city lights.

[R.H.]

Solsikke

Hvilken såmann gikk over Jorden,
hvilke hender sådde
hjertenes frøkorn av ild?
Som regnbuens striper gikk de av hans never
til tæle, ung muld, het sand,
der skal de sove
grådig, og drikke vårt liv
og sprenge det i stumper
for en solsikkes skyld som du ikke kjenner
eller en tistelkrone eller en krysantemum.

Kom tårers unge regn,
kom sorgs milde hender.
Det er ikke så ondt som du tror.

Sunflower

What sower walked over earth,
which hands sowed
our inward seeds of fire?
They went out from his fists like rainbow curves
to frozen earth, young loam, hot sand,
they will sleep there
greedily, and drink up our lives
and explode it into pieces
for the sake of a sunflower that you haven't seen
or a thistle head or a chrysanthemum.

Let the young rain of tears come.
Let the calm hands of grief come.
It's not all as evil as you think.

[R.B.]

Mitt tre

Eneren, lyngens mor, er mitt tre.
De trenger ingen sommer, bare regn og sne.

Fillet krone den løfter, ingen har hørt dens sus.
Den har en lang, seig rot som kan gro av grus.

Den bærer vind over skuldrene, skyene i sitt hår.
Den kan stå i stormen. Knelende. Men den står.

Kanskje den har en drøm i sindet: Det hvite ranunkel-bed
der verden slutter og breene kommer ned.

Av alle trær på jorden nærmest den store sne,
breenes blinde sol. Å, var jeg som det.

My Tree

It's the cedar—the mother of lingonberry—that is my tree.
It doesn't need summer—rain and snow are enough.

Its top is high and ragged, no one hears its sound.
It has a tough, long root that it sinks into gravel.

Over its shoulder is wind, over its hair, clouds.
Storms don't bring it down. It may kneel. But it stays there.

Maybe it has some destination in mind—the white bed of
          crowfoot flowers
At the end of the world where the glaciers rule.

Among all the trees on earth it is nearest to the great snows,
To the blind sun of the glacier. I want to be a tree like that.

[R.B.]

Dies illae

Himlenes stjernevrimmel skal ligge som et smykke om dine
      føtter, Herre
og fjellene som dørheller for dine skritt,
den dag da alle ting er løst fra sine lover,
da fuglene bare er en sang, og fossen et hvitt lys
og skog og hav og søvn er en ting: dyp musikk.
Den dag da trekkfuglene skal vende tilbake,
menneskehjertene — til sin glemte mai.

Hva er da dine ord til mig, Gud Zebaot:
Vær en klump ler på veien,
eller: vær en blomst i min skog?

Dies illae

The sky's great swarm of stars will circle your feet like jewels,
      Lord,
and the mountains lie before you as thresholds,
that day when all things are released from their laws,
when the birds are merely a song, and the waterfall a white light
and forest and ocean and sleep are one thing: deep music.
That day when those birds of passage—human hearts—
return to their forgotten May.

What will you say to me then, God Zebaot:
Be a lump of clay on the road
or, Be a flower in my forest?

[R.H.]

Pavane

Pavanen, denne sære påfugldansen
som infantinnen Isabella danset
med don Juan Fernandez av Castilien
den siste natt før døden gjestet slottet
—likblek og merket alt av kalde fingrer
men kledt i påfuglprakt og med de stive
bizarre skritt som om de alt var døde
—den samme dans som Spanias dronning danset
med hjertet tungt av frykt og halvt forstenet
av tung brokade, pomp og etikette
lik hård emalje om det ville hjertet,
—er det den samme dans som havet danser
med skyene derute, denne stumme
forstemte lek med skyers påfuglhaler
og havets brutte skritt i tung brokade
mot øde himmelhvelv—slik danser havet
til dump musikk en ødslig dans med skyer.

The Pavane

The pavane, this painful peacock dance
That the Infanta Isabella danced
With Don Juan Fernandez of Castile
The last night before the castle took in death
—Corpse-pale and all marked by cold fingers
But dressed in peacock dress and with the stiff
Bizarre steps as if they all were dead
—The same dance as Spain's queen danced
With heavy heart in fear and half petrified
With thick brocade, pomp, and etiquette
Like hard enamel on the animal heart
—Is that the same dance as the ocean dances
With the clouds out there, this speechless
Hobbled dance, with the cloud's peacocktails
And the ocean's clumping steps in thick brocade
With the desolate arch of the sky—the ocean dances so
To low music a desolate dance with clouds.

[R.B.]

23

Fluen i teleskopet

Det var kommet en flue i teleskopet,
som en torn i det eviges øye
en natt da Sirius sto høyt,

og blendet astronomen til tårer
da han så det mørke hullet i himmelen
som en knyttneve av ingenting
gjennem ingenting.

Hvor er den arm som holder mig fast
og den kraft som frir min sjel fra døden,
—Oh, mr. Cembalo, come here, will you,
something has happened to the Universe!—

Inntil fluen fant å utrette sin nødtørft
i stjernebilledet Svanen,
mellem den ville sol Deneb
og de flimrende lysflekker i Cepheidene
som bare kan sees i store teleskoper.
Deo Gloria.

The Fly in the Telescope

It happened that a fly got into the telescope,
like a thorn in eternity's eye
one night when Sirius was high overhead,

and dazzled the astronomer to tears
when he saw the dark hole in the heavens
like a fist of nothing
driven through nothing.

Where is the arm that can hold me fast
and the power that can free my soul from death,
—Oh, Mr. Cembalo, come here, will you,
something has happened to the Universe!—

Until the fly saw fit to relieve itself
in the constellation of the Swan,
between the wild sun Deneb
and the shimmering flecks of Cepheus
that can only be seen in great telescopes.
Deo Gloria.

[R.H.]

De store symfoniers tid

De store symfoniers tid
er over nu.

De steg mot himlen i stor prakt
som solskimrende skyer med torden i
over de store århundrer.
Cumulus under lyshimler. Coriolan.

Nu strømmer de ned igjen som regn,
et stengrått, stripet regn over alle bølgelengder og programmer
og dekker jorden som en våt frakk, en sekk av lyd.

Nu faller de ned igjen fra himlen,
de pisker mot skyskraperne som elektrisk hagl
og drypper ned i bondens kammers
og trommer over villabyene og murstenshavet
som evindelig lyd.

Regn som lyd.
Seid umschlungen Millionen,
til å døve skrik

alle dager, alle dager
over jorden som er tørst og tar dem til sig igjen.

The Age of the Great Symphonies

The age of the great symphonies
is over now.

The symphonies rose toward heaven with real magnificence —
sunlit clouds with thunder
over the brilliant centuries.
Cumulus under blue skies. Coriolanus.

Now they are coming back down again in the form of rain,
a banded, stone-colored rain on all the wavelengths
        and programs
covering earth like a wet overcoat, a sack of noise.

Now they are coming back down from the sky,
they bounce off the skyscrapers like electric hail
and seep down into farmers' living rooms
and roll over the suburbs and brick-oceans
as immortal sound.

A rain of sound,
"You millions of this earth, embrace"
so as to deaden screams

every day, every day
on this earth which is thirsty and takes them back into
        itself again.

[R.B.]

Den ensomme veranda

Langt inne høyt oppe i en stor by hang en ensom veranda,
oppe under skyene hos vinden og som aldri noe menneske
        hadde satt sin fot på
fordi det var så dypt ned og så kaldt derute.

Den syntes den var den ensomste veranda i hele verden
og den hørte klokkespillet hver søndag fra den hellige
        Bartholomeus' kirke,
og den tenkte hvorfor kan ikke den gode Gud hjelpe mig,
han er jo også høyt oppe
og han kunde bruke mig som en liten hylle til å legge sine små
        ting på.
Vestenvinden kjente den best, så bad den vinden spørre.

Da kom et veldig stålstillas og klatrende menn en dag
og de hugget den ned med acetylenflamme på mindre enn
        8 minutter
og hengte opp en sprakende lysreklame i rødt og blått
for Skotsk Whisky.

The Lonesome Balcony

Far inside a great city high up a lonesome balcony was hanging,
up under clouds in the wind, and no one had ever set foot in it
because it was such a long way down, and so cold out there.

It thought of itself as the loneliest balcony in the whole world,
and it heard the bells every Sunday from the Blessed
        Bartholomew Church,
and it thought why can't the blessed God help me then?
He's way up too after all
and He can use me as a little shelf to lay some things on.
It knew the west wind best, so it begged him to ask.

A great steel scaffold appeared one day and men good at heights
and they cut it down with an acetylene torch in less than
        eight minutes
and put up instead a neon sign red and blue
for Scotch whisky.

[R.B.]

Butikk-kvartalet

Glassbutikken selger usynlige varer.
De pinkler som spinettmusikk
og er skjøre som bobler fra tang.

Det er de schizoides hus, de som er
avkjølet innvendig og har fullendte drømmer.
De slepne, som er ringet om seg selv.

Glassmennesket lever i lysets rike,
fyllt av skjønnhet, men steril
som estetikeren.

Skrift på glass
er som regn i øynene.

from The Glass Shop

The glass shop sells the invisible.
It tinkles like spinet music
and is brittle as the floats on dry seaweed.

It is the schizoid's house, those who are
cold as ice inside and have richly developed dreams.
The cut-and-polished, who are coiled around themselves.

The glass person lives in the kingdom of light,
full of beauty, but sterile
as an aesthetician.

And writing on glass
is like rain in the eyes.

[R.B.]

Lyktestolpen

Så isnende alene i natten min lyktestolpe.
De sma brosten hviler hodene tett omkring den
der den holder sin lysparaply opp over dem
så ikke det vonde mørket skal komme nær.

Vi er alle langt hjemmefra, sier den.
Det er ikke håp mere.

Light Pole

My streetlamp is so glacially alone in the night.
The small paving stones lay their heads down all around
where it holds up its lightumbrella over them
so that the wicked dark will not come near.

It says: We are all far from home.
There's no hope anymore.

[R.B.]

Morgenkråker

Det er kråkene som vekker landet
med sin trette larm over markene,
som ramlende zinkbøtter i grålysningen.
Kra, kra.

Og i byene er det vaskekonene,
kra, kra,
som kommer skramlende med sine kolli over perrongene
og i trappene og innover alle gulvene
med den trette lyden av bøttene
og flakser tungt med klutene og kostene
gjennem morgenskyene fra såpevannet,
mens de plukker opp alle fyrstikkene
og stikker hodene sammen og snakker
og flagrer hjemover igjen og setter sig til å hvile litt
med hodet under vingen.
Kra, kra, kra.

Morning Crows

It's the crows that wake the countryside
with their tiresome racket over the fields,
like zinc buckets rattling in the gray dawn.
Caw, caw.

And in the cities it's the cleaning ladies,
caw, caw,
who go clattering with their gear over station platforms
and in stairwells and across all the floors
with that tiresome sound of buckets,
and flap heavily with their washrags and brooms
through the morning clouds that rise from their soapy water,
while they pick up all the matches
and huddle their heads together in gossip,
then hurry home again to settle down and rest awhile
with heads underwing.
Caw, caw, caw.

[R.H.]

Mødrene

Mødrene i verden, de står bak dis som skogene.

Halvt bortvendte inne i et halvmørke så ingen kan se ansiktene.

Navnløse og umåtelige, det er et sus som går ut fra dem, de er
   ute i kveldene og roper på noen gjennom århundredene.

De er jordens sanne innbyggere, de har bryst som fullmånen
   og hofter som bredt tømmer.

Kvistet ned og forrådt tilslutt og inn i mørket som et minne, en
   tung stokk i veggen, ruvende som jern.

The Mothers

The mothers of the world, they stand behind mist like the
　　big woods.

Half turned away in the half-dark, so no one can see their faces.

Nameless and immense, a continual sound comes out of them,
　　they are out in the dusk calling for someone through
　　centuries.

They are the earth's real inhabitants, they have breasts like the
　　full moon and hips like big timber.

Lopped off finally and betrayed, taken into the dark like a
　　memory, a heavy log in the wall, impressive as iron.

[R.B.]

Skytsengelen

Jeg er fuglen som banker på vinduet til dig om morgenen
og følgesvennen din, han du ikke kan vite,
blomstene som lyser for den blinde.

Jeg er brekronen over skogene, den bleke
og malmstemmene fra katedralens tårn.
Tanken som plutselig faller over dig midt pa dagen
og fyller dig med en besynderlig lykke.

Jeg er en du har elsket for lenge siden.
Jeg går ved siden av dig om dagen og ser ufravendt på dig
og legger munnen på hjertet ditt
men du vet det ikke.

Jeg er den tredje armen din og den andre
skyggen din, den hvite,
som du ikke har hjerte til
og som ikke kan glemme dig mere.

Guardian Angel

I am the bird that flutters against your window in the morning,
and your closest friend, whom you can never know,
blossoms that light up for the blind.

I am the glacier shining over the woods, so pale,
and heavy voices from the cathedral tower.
The thought that suddenly hits you in the middle of the day
and makes you feel so fantastically happy.

I am the one you have loved for many years.
I walk beside you all day and look intently at you
and put my mouth against your heart
though you're not aware of it.

I am your third arm, and your second
shadow, the white one,
whom you cannot accept,
and who can never forget you.

[R.B.]

Lek

Dette diktet skal bare være sig selv.
For jeg har hengt opp et edderkoppspinn rundt i skogene her,
og jeg vet at det er borte alt i kveld, i kveld
når jeg skal ta det ned igjen.

Jeg går fra kvist til kvist og henger opp tråder tynnere enn røk.
Og alt idag kan jeg gå tvers gjennem dem.
Skogene har drukket det opp
og solskinnet slikker sig om munnen.

Play

This poem will just be itself.
For I have hung a spiderweb all through the woods here,
and I know it will be gone by tonight, tonight
when I go to take it down again.

I wander from twig to twig and hang threads thinner
      than smoke.
And already today I can pass right through them.
The woods have drunk them up
and the sunshine is licking its lips.

[R.H.]

De gamle damer

De unge kvinnene med lynsnare føtter, hvor blir det av dem.
De som har knær som små kyss og sovende hår?

Langt ute i tiden når de er blitt stille
gamle damer med smale hender og går langsomt i trappene

med store nøkler i vesken og ser sig omkring
og snakker til små barn ved kirkegårdsportene.

I det fremmede store landet hvor vintrene er lange
og ingen mere skjønner deres sprog.

Bøy dig dypt og hils dem med ærbødighet for
de bærer det med sig enda som en duft,

et hemmelig bitt i kinnet, en nerve inne i
håndflatene etsteds som røper dem.

The Old Women

The girls whose feet moved so fast, where did they go?
Those with knees like small kisses and sleeping hair?

In the far reaches of time when they've become silent,
old women with narrow hands climb stairs slowly

with huge keys in their bags and they look around
and chat with small children at cemetery gates.

In that big and bewildering country where winters are so long
and no one understands their expressions anymore.

Bow clearly to them and greet them with respect
because they still carry everything with them, like a fragrance,

a secret bite-mark on the cheek, a nerve deep in
the palm of the hand somewhere betraying who they are.

[R.B.]

—Når de sover

Alle er barn når de sover.
Da er det ikke krig i dem.
De åpner hendene og puster
i den stille rytme som himlen har gitt menneskene.

De spisser munnen som små barn
og åpner hendene halvt alle,
soldat og statsmann, tjenere og herrer.
Stjernene står vakt da og det
er en dis over hvelvene,
noen timer da ingen skal gjøre hverandre ondt.

Kunne vi bare tale til hverandre da
når hjertene er som halvt åpne blomster.
Ord som gylne bier
skulde trenge inn der.
—Gud, lær mig søvnens sprog.

—When They Sleep

All people are children when they sleep.
There's no war in them then.
They open their hands and breathe
in that quiet rhythm heaven has given them.

They pucker their lips like small children
and open their hands halfway,
soldiers and statesmen, servants and masters.
The stars stand guard
and a haze veils the sky,
a few hours when no one will do anybody harm.

If only we could speak to one another then
when our hearts are half-open flowers.
Words like golden bees
would drift in.
—God, teach me the language of sleep.

[R.H.]

Alderdommen

Jeg holder mere av de gamle.
De sitter og ser på oss og ser oss ikke
og har nok med sitt eget,
som fiskere langs store elver,
stille som sten
i sommernatten.
Jeg holder meget av fiskere langs elver
og gammelt folk og de som kommer ut efter lang skydom.

De har noe i øynene
som verden ikke ser lenger
de gamle, lik rekonvalesenter
som føttene ikke er sterke nok under enda
og med bleke panner som efter feber.

De gamle
som blir sig selv igjen langsomt
og løses opp langsomt,
som en røk, umerkelig går de over
i søvn
og lys.

Old Age

I put a lot of stock in the old.
They sit looking at us and don't see us,
and have plenty with their own,
like fishermen along big rivers,
motionless as a stone
in the summer night.
I put a lot of stock in fishermen along rivers
and old people and those who appear after a long illness.

They have something in their eyes
that you don't see much anymore,
the old, like convalescents
whose feet are still not very sturdy under them
and pale foreheads as if after a fever.

The old
who so gradually become themselves once more
and so gradually break up
like smoke, no one notices it, they are gone
into sleep
and light.

[R.B.]

Nattmusikk

Stjernebildene skal forandre sig,
Karlsvognens stang
skal strekkes ut mot syd
og Orion miste sitt sverd
før den siste smerte er forbi
sier stenen.

Det er målt til
også for mig.
Som fontenens glitrende støv
springer opp og faller ned i sig selv,
kommer alle mine dager inne fra mig selv,
målt til i en skål av sten.

Det er et rolig lys over gamle trær.
De lar vinden løpe gjennem løvet
og stjernene gå høyt over sine kroner
i majestetiske tog.

Night Music

The constellations will change,
the Big Dipper's handle
will be pulled to the south
and Orion lose his sword
before the last pain is gone,
says the stone.

I too
am allotted my share.
As the fountain's glittering dust
springs up and falls back into itself,
all my days come from somewhere inside me,
doled out in a bowl of stone.

There's a calm light around old trees.
They let the wind flow through their leaves
and the stars pass high over their crowns
in majestic procession.

[R.H.]

Sorgfulle tårn

Slavene hadde veldige hender og bygde sorgfulle tårn.
De hadde hjerter av bly og skuldre som fjellvegger og bygde
  sorgfulle tårn.
De hadde hender som stenhammere og bygde berger av taushet.
De står i Burgund og Baalbek og Xeres de la Frontera.
Askegrå murer over skogene, panner av sten og tungsindige
  øyne,
mange steder pa jorden
hvor svaler går ut i store sløyfer i luften
som lydløse svepeslag.

Melancholy Towers

The slaves had huge hands and they built gloomy towers.
Their hearts had lead in them and their shoulders were like
       mountainsides and they built gloomy towers.
Their hands were like stonehammers and they built mountains
       of silence.
They still stand in Burgundy and Baalbek and Jerez de
       la Frontera:
ash-colored walls rising over woods, stone foreheads, and
       introspective eyes,
many places on earth
where swallows weave out in great sweeps in the air
like the silent strokes of a whip.

[R.B.]

Stavkirker

Jeg tror på de mørke kirkene,
de som ennu står som tjærebål i skogene
og bærer duft med sig som de dyprøde rosene
fra tider som kanskje eide mer kjærlighet.
De sotsvarte tårnene tror jeg på, de som lukter av solbrannen
og gammel røkelse brent inn av seklene.
Laudate pueri Dominum, laudate nomen Domini.

Øksene teljet dem til og sølvklokker klang i dem.
Noen skar drømmer inn og ga dem vinger å vandre med
ut gjennom tider og fjell. De velter som brottsjø omkring dem.
Nu er de skip, med utkikkstønnene vendt mot Ostindia,
Santa Maria, Pinta, og Nina da dagene mørknet
mot verdens ende, årelangt fra Andalusia.
Laudate pueri Dominum, laudate nomen Domini.

Angst overalt, selv Columbus er redd nu
der hildringer lokker dem frem og vinden har slangetunger.
Stjernene stirrer urørlige ned med avsindige jernøyne,
alle dager er onde, det er ingen redning mer, men vi
seiler, seiler, seiler.
Laudate pueri Dominum, laudate nomen Domini.

Stave Churches

I believe in the darkened churches,
which still stand like tar fires in the woods,
and carry fragrance as from heavy red roses
coming from ages that perhaps had more love.
And I believe in these sooted-up towers—a sunburnt smell
      comes off them,
and old incense burnt in by centuries.
    Laudate pueri Dominum, laudate nomen Domini.

Axes shaped them all and silver bells rang in them.
Someone carved his dreams in and gave them wings to
      wander with
out over ages and mountains. They break like surf around
      the churches.
Now they are ships, the crow's nest turned toward India,
Santa Maria, Pinta, and *Niña* as the days grew dark
at the end of the world, years from Andalusia.
    Laudate pueri Dominum, laudate nomen Domini.

Fear everywhere, even Columbus is afraid now
as mirages lure them on and the wind has snake tongues.
The stars look coldly down with insane iron eyes,
all the days are evil, there's no hope anymore, but we
sail on, sail on.
    Laudate pueri Dominum, laudate nomen Domini.

[R.B.]

PART II

from
Summer in the Grass (Sommeren i gresset), 1956
Letter to the Light (Brev til lyset), 1960
The Silence Afterwards (Stillheten efterpå), 1965
Headlines (Headlines), 1969

Sneglen

Gresstråenes lille vandringsmann i freden
med trompet på ryggen og de høye horn
som lydantenner ut i øst og vest
for sangeren den blinde, han som
ærbødig, alltid
kysser jorden.

Forsiktig bøyer han
hvert strå tilside, lytter spent
om noen fare der. Så spiller han
på sin trompet den lykkelige
gressets sang.

Hjemløs, tidløs
liten venn i gresset, han som vandrer
på et kyss.

Snail

Little, peaceful wanderer of the grassblades
with trumpet on back and long horns
like antennae to east and west
for this blind singer who,
respectfully, always
kisses the earth.

Carefully, he bends
each blade aside, listens closely
for any danger there. Then he plays
the joyful song of the grass
on his trumpet.

Homeless, eternal
little friend in the grass, he who wanders
on a kiss.

[R.H.]

Hånd og munn

Menneskemunnen
er fredeligere enn løvens,
den har hjertets bue over sig
og et lys av blomster
sommetider.

Menneskehånden
har ingen klo som rev og ulv
men har liljens linjer,
en blomst som åpner sig og
lukker sig igjen.

Hand and Mouth

The mouths of men
Are more peaceful than those of lions,
They have the bow of the heart over them
And a light of the blossoms
Of summer.

The hands of men
Have no claws as the fox and the wolf
But have lines like the lily,
A flower which opens up and
Closes again.

[R.B.]

Månen og apalen

Når apalen blomstrer
kommer ofte månen som en blomst,
blekere enn dem alle
og lyser over treet.

Det er den døde sommeren,
den hvite østeren til blomstene som kommer igjen
for å se til oss
og lyse fred med sine hender,
at det ikke skal kjennes tungt når ilden kommer.
For Jorden selv er en blomst, sier den,
på stjernenes tre,
blek og med blad
av lysende hav.

Moon and Apple

When the apple tree blooms
the moon comes often like a blossom,
paler than any of them
shining over the tree.

It is the ghost of the summer,
the white sister of the blossoms who returns
to drop in on us,
and radiate peace with her hands
so that you shouldn't feel too bad when the hard times come.
For the Earth itself is a blossom, she says,
on the star tree,
pale and with luminous
ocean leaves.

[R.B.]

En sti i gresset

En sti i gresset
slitt som et gammelt håndtak
og blek som sølvet.
De stille ting
som bygger broer rundt i verden,
veier efter døde, et håndtak,
en sti i marken
går som en uvirkelighet gjennem sommeren,
månebroer bygget over grønne hav.

A Path through Grass

A path through grass
worn as an old hoehandle
and pale as silver.
The silent things
that build bridges so many places,
roads after dead people, a handle,
a path in the field
moves like an unreal thing through the summer,
moon bridges built over the green seas.

[R.B.]

Kvinners søvn

De gamle kvinner sover ofte tungt
og strever med så mange hårde drømmer
som biter dem i skjørtet som små barn
med friske tenner, alle sår går opp
og alt er sved og hast for lenge siden
da livet ga tre-fire åndedrag av styrke
og store svulne bryst. Nu vil de våkne
men søvnens dører er for stive nu. De sover
dypt som sement og kjenner ingen mere.

Women's Sleep

Old women often sleep so heavily
struggling with so many unruly dreams
fastening to their skirts like small children
with lively teeth, all the old wounds open
and everything is sweat and hurry for so long now
when life gave power in a few deep breaths
and large swollen breasts. Now they want to wake
but the sleep doors are too stiff. They sleep
deep as cement, and recognize no one.

[R.B.]

Guds hjerte

Guds hjerte vet vi ikke,
men vi vet
noe som overstrømmer oss
som et regn over hendene.

Hans øyne ser vi ikke,
men vi ser
usynlig lys over alle ting
som i sommernatten.

Hans stemme hører vi ikke,
men vi finner
veier overalt og spor i hjertene
og stier med lavmælt lys.

God's Heart

We don't know God's heart,
though we see
something that showers down around us
like rain over our hands.

We don't see His eyes,
though we sense
an imperceptible light over everything
as on a summer night.

We don't hear His voice,
though we find
roads everywhere and signs in our hearts,
paths of quiet light.

[R.H.]

Mai måne

Mai måne
går omkring som en inspektør i hvit jakke.

Nu er snart gjestene her.
Er alt på plass? Dette gobelin
må børstes, grønne tepper overalt
og lys på bordene.

Litt musikk, bare dempet,
— en trost, litt lerke, det er bedre
— og fioliner. Ta opp noen bekker til!

May Moon

The May moon
goes around like an inspector in a white jacket.

The visitors will soon be here.
Is everything in its place? This tapestry
must be brushed, green rugs everywhere
and candles on the tables.

A little music, half muffled,
—one thrush, a little lark, that's better—
and violins. Bring up some more small rivers!

[R.B.]

Venter de en stjerne?

Skyene løper flagrende ut og inn i vindens dører
med sitt evindelige sengetøy i armene.
De bretter ut laken og banker dyner
og rer opp de dype senger av silke
i alle jordens saler hele tiden.

Venter de en stjerne på besøk eller er det Gamle Månen
eller en ny Vår Herre
som skal legge sig tilro her tilslutt
og alt bli så bra i verden.

Alltid virksomme svinger de opp med sitt friske sengetøy,
jordens oldfruer som venter gjester
som aldri kommer.

Are They Waiting for a Star?

The clouds float back and forth through the wind's doors
with their eternal linens in their arms.
They spread the sheets and beat the quilts
and continually prepare the deep silky beds
in all the rooms on earth.

Are they waiting for a star, or for the Old Moon
or a new Almighty God
to finally lie down here at rest
so all will be right with the world.

They're always busy, shaking out their fresh linens,
the earth's housekeepers, waiting for guests
who never come.

[R.H.]

Hvor går gatene hen?

Hvor går gatene hen
når det ikke er noen sporvogner i dem,
bare støv og brente fyrstikker?
De må være her ved slaktehuset
og ved melkebarene hele tiden,
tørre og grå
stå de og biter i stakittene
til langt på kveld.

Det er så mange fattige gater i verden
med bare parallelle sten,
fra gassklokkene til slaktehuset
og en kafé med stoler og disk.

Det er gater som har tapt på forhånd
fordi de har for meget cement i hendene
og for tunge hjerter
fra fødselen av.

Where Do the Streets Go?

Where do the streets go
when there are no streetcars in them,
only dust and burnt matches?
They must be here by the slaughterhouse
and the milkstores the whole time,
dry and gray
they stand and chew on the palings
till far in the night.

There are so many poor streets in the world
with only parallel stones
from gas meters to the slaughterhouse
and a café with chairs and tables.

There are streets that have lost out before they started
because in their hands there is too much cement
and from birth on
too heavy hearts.

[R.B.]

Bussene lengter hjem

Bussene lengter hjem.
Her står de på rad ved holdeplassen og lengter hjem
til Lualalambo, N'Kangsamba og til Calabar
og til flamingoens skrik i skumringen.

For når det regner på gatene
regner det også ved Lualalambo, N'Kangsamba og ved Calabar,
ikke på paraplyer men på den
langbente stork og på flodhesthunnene
under peppertrær.

Når de kommer vraltende gjennem gatenes strøm,
nedsprøytet av gjørme
liker de sig godt, men det må være
et lunkent regn, svalt og slubrende
med vannbilder flømmende over rutene
av Lualalambo, N'Kangsamba og av Calabar
og flodhesthunner sovende under peppertrær.

The Buses Long to Go Home

The buses long to go home.
They wait here in line at the terminal and long to go home
to Lualalambo, Nkongsamba, and to Calabar,
and to the flamingo's cry at dusk.

For when it rains in the streets
it rains too in Lualalambo, Nkongsamba, and in Calabar,
not on umbrellas but on
the long-legged stork, and on the female hippos
under the peppertrees.

When they come waddling through the flooded streets,
plastered with wet mud,
they are happy, but it has to be
a tepid rain, cool and gurgling,
streaming down the windows with reflections
of Lualalambo, Nkongsamba, and of Calabar,
and female hippos sleeping under peppertrees.

[R.H.]

I land hvor lyset har en annen farve

I land hvor lyset har en annen farve
kan gatens ansikter en kveld forandres
til perler i et langsomt hav av indigo.

Og du må spørre dig—hva speiler disse
ild-diademer her, og hvilke hender
har strødd dem ut på dette hav i mørket?

In Countries Where the Light
Has Another Color

In countries where the light has another color
the faces along the streets at dusk
can turn to pearls in a slow sea of indigo.

And you must ask yourself—what do these
fiery diadems reflect here, and whose hands
have scattered them across these dark waters?

[R.H.]

Haydn

I den store Haydn-konsert
der fiolinene var himlens lovsanger
og harpene de dype hjerteslag fra skapningen,
var fingrene hennes over bronsestrengene
sommerfuglenes dans
der de foldet seg ut og lukket seg til
foldet seg ut,
foldet seg ut og lukket seg til
som sværmernes vinger, gjennemlyste av frost,
flagrende, flagrende
over det store vindu som aldri åpnes,
utenfor ruten, utenfor ruten
og aldri inne.

Haydn

In the great Haydn concerto
where the violins were hosannas to heaven
and the harps the deep heartbeats of creation,
her fingers across the bronze strings
were the dance of butterflies
as they unfolded and closed,
unfolded,
unfolded and closed
like moth wings translucent with frost,
fluttering, fluttering
at the large window that never opens,
outside the glass, outside the glass
and never inside.

[R.H.]

Minnet om hester

Linjene i de gamles hender
bøyer seg langsomt og peker snart mot jorden.
Dit tar de med sitt hemmelige sprog,
skyenes ord og vindenes bokstaver,
alle de tegn som hjertet samler opp i armodens år.

Sorg blekes ut og vender sig til stjernene
men minnet om hester, kvinneføtter, barn
strømmer fra deres ansikter over i gressets rike.

I store trær kan vi ofte se
billeder av dyreflankers ro,
og vinden tegner i gresset, hvis du er glad,
løpende barn og hester.

Memories of Horses

The lines in the hands of old people
gradually curve over and will point soon toward earth.
They take with them their secret language,
cloud-words and wind-letters,
all the signs the heart gathers up in the lean year.

Sorrow bleaches out and turns to face the stars
but memories of horses, women's feet, children
flow from their faces down to the grass kingdom.

In huge trees we can often see
images of the peace in the sides of animals,
and the wind sketches in the grass, if you are happy,
running children and horses.

[R.B.]

Gamle ur

Gamle ur har ofte vennlige ansikter
og kan minne om bønder fra skogbygder og fjell
med en rolig likesælhet i sitt vesen
som om de hørte til en annen slekt enn vår

som kanskje har stridd ut sin tid hernede
og sett sin uro visne ned som gresset
i sine store skar og stille myrstrøk
forrige gang Jorden var til.

Nu er de gjester her og nikker til vår kummer
med lavmælt visdom ved vår seng: Det går,
ja, ja, det går, det går.

The Old Clocks

The old clocks often have encouraging faces.
They are like those farmers in the big woods or in the mountains
whose whole being contains some calm acceptance
as if they belonged to some other race than ours.
A race that has fought its way through its time down here
and has seen its unhappiness shrink back like grass
during that earlier period when the Earth was earth.

They are guests with us this time and they nod in tune to
        our distress
next to our bed with their mild wisdom: it's okay,
oh yes, oh yes, it's okay, it's okay.

[R.B.]

I de store parker

Små fontener i store parker
klipper silhouetter av silkepapir
som vinden blåser overende.

De store trær blir mer fortrolige mot natten,
luter seg over din benk og spør deg stille:
Fra hvilken stjerne er du?

In the Large Parks

The small fountains in large parks
form silhouettes of silky paper
that the wind blows end over end.

The tall trees grow intimate at dusk,
lean over your bench and quietly ask:
Which star do *you* come from?

[R.H.]

Tårnene i Bologna

Tårnene i Bologna, de to
som bare står og står i en luft av sølv
og luter seg nesten umerkelig mot hverandre
fordi de er trette av tiden og stjernenes tog ustanselig.

De strekker langsomt sine skygger ut mot verden
for å prøve forsiktig hvor langt all tid er kommet,
kjenner på torvenes blå druer og solpikenes bryst om de er hårde
og føler seg sakte frem langs alle murers revner
til tårnenes flaggermus, og kirkeklokkenes malm.

Blått regn kommer og svinger milde flagg over deres ansikter
—den store lombardiske fane og syv bannere
fra Piazensa og Modena, men de husker dem ikke lenger.
Alt er kommet så langt ut og de er nesten blinde
i et land hvor solen knurrer som en tiger mot alle
og fyller våre lunger helt tilbunds med truslen om sønderrivelse,
der morgenen kommer og strør sitt fattige salt på fortauene
og piker med brune kinn kommer ned i portene
nesten opphovnet i munnen av for meget natt.

Asinelli og Garisenda, de to
hellende tårn som går rundt over byen med sine skygger
som et slags langsomt ur med sine visere
for timene av elskov og forferdelse, hva sier tiden,
hvor langt er det kommet med alle.

Towers of Bologna

The two towers of Bologna,
who do nothing but stare up into a silver sky
and lean—barely visibly—toward each other;
why? Because they are sick of time and the endless travels of
      the stars.

Lazily they let their shadows reach out over the world
just to check quietly on how far time has gotten now,
to touch the blue grapes in the square and to see how firm the
      breasts of the sunning girls are,
and to feel their way up the stone walls gap by gap,
till they get to the altitude of the bats and the bronze of church bells.

Blue rain starts falling, and pulls soft cloths over their faces:
the huge flag of Lombardy and the seven banners
from Piacenza and Modena—though the towers have forgotten them.
It's all so far along the road now, and they are nearly blind,
here, where the sun is like a tiger growling at everything
and filling our lungs up with threats to tear us in two.
And dawn comes, and scatters its sad salt on the sidewalks
and girls with tan cheeks appear in the street doors,
their mouths seem swollen as if from too much night.

Asinelli and Garisenda are the two
slanting towers that stroll around town with their shadows
like some sort of lazy clock with hands only
for love's time or fear's time, well, what time is it,
what point has it all got to now.

Hver dag må de se
damen i porselensbutikken som tørrer støv med silkekluter
hvor de små bjeller har spinkle lyd som sølv
og de ser bussjåførene som går bort og røker cigar i skyggen av
sine tårn,
mødre som gir småbarn bryst i dem,
og gamle ektefolk som kan hate hverandre i mørket fra
disse tårn,
de springende og jagende som kan være nervøse i dem,
slakteren som hugger opp sine koteletter,
prestene som leser sitt officium
i skyggene fra Asinelli og Garisenda
evighetens tårn, litt trette av å være
mann og kvinne, dag og natt, og vise
altets dobbelte natur, det tvedelte liv
som lengter efter forening
som de store trær lengter efter aftnen i skogen
og den store endeløse stjerne.

Every day they have to look at
women in gift shops who use silkcloths for dust rags —
the tiny bells give off delicate sounds like silver —
and they see bus drivers smoking their cigars in the shade
of their towers,
mothers giving their breasts to infants,
old couples who can really hate each other in the shadows of
        these towers,
and the chasers and the runners who can be energetic in them,
butchers slicing off chops,
priests reading their offices,
in the shadows of Asinelli and Garisenda,
towers of eternity; a bit sick of being
man and wife, day and night, indicating all the time
the twofold nature of the universe, the life parted in two
longing to be joined again,
like those immense trees that long for evening in the woods
and long for the immense and endless star.

[R.B.]

Sjøfugl

Morgenen kom med sjøfugl
som snefokk under en styrtet himmel
og hese rop: Hvor er vi?
Nåde. Nåde.

Som efter en plutselig forvandling:
—Dunbryst, kolde, kulerunde øyne,
røde klovne-neser, hvitpudret hals
sammensnørt i skrik:
Hvor er vi? Nåde.

Seabirds

Morning came with the seabirds
like snow swirling under a collapsed sky,
and with a raspy call: Where are we?
Mercy. Mercy.

As after a sudden transformation:
—Downy breast, cold hollowed eyes,
red clown-nose, a white-powdered throat
tightened in a cry:
Where are we? Mercy.

[R.H.]

Stillheten efterpå

Prøv å bli ferdige nu
med provokasjonene og salgsstatistikkene,
søndagsfrokostene og forbrenningsovnene,
militærparadene, arkitektkonkurransene
og de tredobbelte rekkene med trafikklys.
Kom igjennem det og bli ferdige
med festforberedelser og markedsføringsanalyser
for det er sent,
det er altfor sent,
bli ferdige og kom hjem
til stillheten efterpå
som møter deg som et varmt blodsprøyt mot panden
og som tordenen underveis
og som slag av mektige klokker
som får trommehindene til å dirre
for ordene er ikke mere til,
det er ikke flere ord,
fra nu av skal alt tale
med stemmene til sten og trær.

Stillheten som bor i gresset
på undersiden av hvert strå
og i det blå mellemrommet mellem stenene.
Stillheten
som følger efter skuddene og efter fuglesangen.

The Silence Afterwards

Try to be done now
with deliberately provocative actions and sales statistics,
brunches and gas ovens,
be done with fashion shows and horoscopes,
military parades, architectural contests,
and the rows of triple traffic lights.
Come through all that and be through
with getting ready for parties and eight possibilities
of winning on the numbers,
cost of living indexes and stock market analyses,
because it is too late,
it is way too late,
get through with it and come home
to the silence afterwards
that meets you like warm blood hitting your forehead
and like thunder on the way
and the sound of great clocks striking
that make the eardrums quiver,
because words don't exist any longer,
there are no more words,
from now on all talk will take place
with the voices stones and trees have.

The silence that lives in the grass
on the underside of each blade
and in the blue space between the stones.
The silence
that follows shots and birdsong.

Stillheten
som legger teppet over den døde
og som venter i trappene til alle er gått.
Stillheten
som legger seg som en fugleunge mellem dine hender,
din eneste venn.

The silence
that pulls a blanket over the dead body
and waits in the stair until everyone is gone.
The silence
that lies like a small bird between your hands,
the only friend you have.

[R.B.]

Morgenavisen

Morgenavisen brettes ut på forstadstoget 7,35
og forsyner plutselig alle mennene med hvite vinger.
De flyr avgårde inne i et rom inne i en vogn
med besynderlige stive ansikter
—en prosesjon bak glass
som til en lukket og privat begravelse på en stjerne.

The Morning Paper

The morning paper is opened out on the 7:35
and suddenly provides all the men with white wings.
They fly off inside a room inside a train
their faces strangely stiff
a procession behind glass
as if to a restricted and private funeral on some star.

[R.B.]

Aftenrøden

Som om alt var godt
holder bergene frem sine skåler
for søster Dag når hun vasker dine sår.
Tankefullt tømmer hun ut sitt lys i dem
— blod, alltid denne blodstreng,
dette grums av død på bunnen
sier hun til søster Natt mens hun brer deg ned
og klirrer med stjerner ved din seng.

Red Sunset

As if all were good
the foothills offer their bowls
to Sister Day when she bathes your wounds.
Thoughtfully she empties her light into them
—blood, always this same string of blood,
these grounds of death on the bottom,
she says to Sister Night as she tucks you in
and rattles the stars by your bed.

[R.H.]

Lavmælt—

Ord
bare små
små ord
og lavmælt
nesten uten pust
for oss

som brukne strå
ord uten lys
og nesten uten form,
ord som hos trær,
små halv-ord
som i søvn
for oss.

Mellem alt det store
små, små ord
å gjemme bort
på baksiden av en hånd
og ved din øreflipp
små ord
helt uten lys
som dyr
og gress.

Whispered—

Words
just small
small words
whispered
almost without breath
for us

like broken straw
words without light
and almost without form
words among trees
small half-words
that lie asleep
for us.

Amidst all that is great
small, small words
to keep hidden
on the back of a hand
or your earlobe
small words
utterly without light
like animals
or grass.

[R.H.]

Mai på ruten

Nu er det mai på ruten,
i høyblokkene når rørene er sluttet å suse,
på hospitalene når de kjører den døde ut,
i fengslene hele dagen og hele natten
er mai på ruten med sitt hvite ansikt
som drypper blod på alle pander
og legger sin hånd av jern omkring ditt hjerte
—jordens vår.

May at the Window

Now May is at the window,
in high-rises when the pipes have stopped rumbling,
in hospitals when they drive the dead away,
in prisons all day and all night,
May is at the window with its white face
dripping blood on every forehead
and laying its iron hand around your heart
—spring on earth.

[R.H.]

Metro

Det er plattformer plattformer over hele jorden
tråkket flate slitt blanke av de tusen føttene,
det er plattformer plattformer også under jorden
i råttent spøkelseslys fra projektørene.
Tog kommer tog går, metroer kommer slamrende men mest
høres klapringen fra millionenes fotsåler.

Opp trapper ned trapper plattformene under jorden
sender bud til hverandre gjennem tusenføttenes telex.
Her kommer de, det er mange av dem, de brenner under føtten
Bastille til Étoile klapperiklapp hvor lenge
skal dette vare, skal dette vare, dette vare.

Klapperiklapp Étoile til Bastille klapperiklapp
det varer lenger enn vi tror, enn vi tror
klapperiklapp det er ingen ende på dem, ende på dem.
De kommer fra stjernene, stjernene—ene.
Klapperiklapp. Over og ut.

Metro

There are platforms platforms all over the earth
trampled flat worn shiny by thousands of feet,
there are also platforms platforms underground
cast in the damp eerie glow of floodlights.
Trains come trains go, the metros keep banging away
but most hear the slapping of millions of shoes.

Upstairs downstairs the platforms underground
send messages back and forth through the thousand-footed telex.
Here they come, they are many, they burn underfoot
Bastille to Étoile slappity-slap how long
will this last, will this last, this last.

Slappity-slap Étoile to Bastille slappity-slap
they last longer than we think, than we think
slappity-slap there's no end to these messages, no end.
They come from one planet, one planet, one.
Slappity-slap. Over and out.

[R.H.]

Hyss—

Hyss sier havet
Hyss sier den lille bølgen ved stranden, hyss
ikke så voldsomme, ikke
så stolte ikke
så bemerkelsesverdige.
Hyss
sier bølgekammene som
flokker seg om forbergene
strandbrenningene. Hyss
sier de til menneskene
det er *vår* jord
vår evighet.

Sssh—

Sssh the sea says
sssh the small waves at the shore say, sssh
not so violent, not
so haughty, not
so remarkable.
Sssh
say the tips of the waves
crowding around the headland's
surf. Sssh
they say to people
this is *our* earth,
our eternity.

[R.B.]

Belvedere

Så dette er altså bukten ved Positano
ennå dypere blå. La oss hvile her.
Et skip trekker langsomt en silketråd ut av havet
—mon ikke tiden er ute?
Jetflyenes hvite piskesnerter
smeller alt mellem skyene:
Hypp hypp. Videre.

Belvedere

So this is the gulf of Positano
yet deeper blue. Let's rest here.
A boat slowly pulls a silk thread from the sea
—I wonder if time hasn't run out.
Already the white whiplashes of the jets
crack among the clouds:
Giddap, giddap. Move it!

[R.H.]

Aviatika

Ett svupp så skilles vi fra jorden neiånei
alt løfter seg opp på skrå som dekkene på ett skip,
ned seiler vår barndom portrommet sommerforelskelsene
sopes ned i en skuff og gjemmes til neste mose-bok.

Ho vi er vind og skyer og farvel til Bjordammen,
dypt under oss Sinbad Sjøfareren og Odyssevs
Columbus, Amundsen med is i bartene
driver et hundespann over pol-isen, tenn deg
en sigarett over Betlehemsmarkene. Stump den
over Golgata det er det samme,
stewardessen kommer smilende med ny pakke.

Fasten your seatbelts Signori—storby dernede
kommer seilende som en båt i mørket
med karneval på alle dekk og svakt
rødfarvet av tusen restauranter
men hva skal vi gjøre med de blåsvarte himlene, de tause—
trettheten i bakhodet og tomheten mellem stjernene
—Vi kom her så plutselig og vi er
plutselig alene.

The Art of Flying

One great whoosh and we part from the earth oh no
everything rises at a slant like the decks of a ship,
down sail our childhood the gateway summer crushes
swept into a drawer to be saved for the next book of Moses.

Oh, we are wind and clouds and good-bye to Bjordammen,
far below Sinbad the Sailor and Odysseus,
Columbus, Amundsen with his frozen whiskers
drives his sled dogs across the polar ice,
you light a cigarette over the fields of Bethlehem.
Put it out over Calvary it doesn't matter,
the stewardess comes smiling with a new pack.

Fasten your seat belts Signori—a city down there
comes sailing up in the dark like an ocean liner,
with parties on every deck and the faint
red glow of a thousand restaurants
but what should we do with the blue-black sky, now silent—
the weariness in the backs of our minds and the emptiness
        between the stars
—We came here so suddenly and suddenly
we are alone.

[R.H.]

Noen

Noen
stiger ut av vårt liv, noen
kommer inn i vårt liv
ubedt og setter seg ned,
noen
går likegyldige forbi, noen
skjenker deg en rose,
kjøper en ny bil,
noen
står deg meget nær, noen
har du alt glemt,
noen, noen
er deg selv,
noen
har du aldri sett, noen
spiser asparges, noen
er barn,
noen går opp på taket,
sitter ved et bord,
ligger i hengekøye, går med rød
paraply,
noen ser på deg,
noen har aldri lagt merke til deg, noen
vil holde deg i hånden, noen
døde i natt,
noen er andre, noen er deg, noen
er ikke,
noen er.

Some People

Some people
ascend out of our life, some people
enter our life,
uninvited and sit down,
some people
calmly walk by, some people
give you a rose,
or buy you a new car,
some people
stand so close to you, some people
you've entirely forgotten,
some people, some people
are actually you,
some people
you've never seen at all, some people
eat asparagus, some people
are children,
some people climb up on the roof,
sit down at table,
lie around in hammocks, take walks with their red
umbrella,
some people look at you,
some people have never noticed you at all, some people
want to take your hand, some people
die during the night,
some people are other people, some people are you, some people
don't exist,
some people do.

[R.B.]

Veis ende

Veiene er nu kommet til enden,
de kommer ikke lenger, de snur her,
borte på jordet der.
Det er ikke mulig å komme lenger hvis
De ikke vil til månen eller planetene. Stans nu
i tide og bli til hvepsebol eller ku-tråkk,
vulkanrør eller steinrammel i skogene
—det er det samme. Noe annet.

De kommer ikke lenger har jeg sagt
uten forvandling, motoren til hesteromper,
girstangen til en grankvist
som De holder slapt i hånden
—hva fæn var dette?

Road's End

The roads have come to an end now,
they don't go any farther, they turn here,
over on the earth there.
You can't go any farther if you don't want
to go to the moon or the planets. Stop now
in time, and turn to a wasp's nest or a cow track,
a volcano opening or a clatter of stones in the woods —
it's all the same. Something else.

They won't go any farther as I've said
without changing, the engine to horseshoes,
the gear shift to a fir branch
which you hold loose in your hand
—what the hell is this?

[R.B.]

Vi merker ikke—

Vi merker ikke når mørket kommer, jorden
tømmes for lys hver kveld, også under
sengene.
Helt lydløst bak hvert støvkorn
løftes det bort og ut av vinduene,
også inne i sko-skapet mellem lissene
og de tynne maljer
mørkner timene. Glass som tømmes
stille helt til bunden, selv ditt ansikt
der i speilet kjenner du ikke igjen.

We Never Notice—

We never notice when the dark comes on, the earth
emptied of light each evening, even
under the beds.
Silently, behind each speck of dust,
it lifts the light out through the windows.
So too, in the shoe-closet, between the laces
and slender eyelets,
the hours darken. Glasses
are quietly drained to the bottom, you don't even
recognize your own face in the mirror.

[R.H.]

Men vi lever—

—Men vi lever
gjennem supermarkedene og ostehyllene, og vi lever
under jetflystripene i mais gyllenmåned
og i røk-omslørte byer,
og vi lever med host i forgasseren og smell i bildørene.
Vi lever
gjennem tv-kvelden i det gylne sekel,
over asfalten, bak ukebladene og på bensinstasjonene.
Vi lever
i statistikkene og i matrikkelnumret når det er valgår, Vi lever
med en blomst i vinduet,
tross alt vi lever under
hydrogenbombene nukleare kjemi-
utryddelsestrusler, søvn-
løshet vi lever
sideomside med de sultne de som
dør i millionvis, lever
med en tretthet i vår tanke, lever
ennu, lever
magisk uforklarlig lever
lever
på en stjerne.

But We Live—

—But we live
through supermarkets and racks full of cheese, and we live
under the vapor trails of jets in the golden month of May
and in smoke-dimmed cities,
and we live with coughing carburetors and slamming car doors.
We live
through the TV-evening in our golden century,
on asphalt, behind tabloids and at gas stations.
We live
as statistics and as registration numbers in election years.
We live with a flower in the window,
in spite of everything we live under
hydrogen bombs the threats
of nuclear extermination, sleep-
less we live
side by side with the hungry who
die by the millions, live
with a weariness to our thoughts, live
still, live
magically inexplicably live,
live
on a star.

[R.H.]

Kom igjen—

Dypt derinne,
bakenfor det tunge kneet mitt idag,
ligger et annet lite kne,
litt skittent og med skrubbsår på.
Og inne i fingrene mine, alle fem,
ligger en liten hånd, en annen,
ennå litt engstelig, men varm.
Og langt inne i skallen min,
helt innerst der,
kribler det av andre tanker,
rare og små, nesten med hyssing rundt, men de puster
ennå. Fulle av forventning, nesten av fryd.
Det hender det klør i dem—
de vil ut og leke
gjemsel med meg. Ofte—ofte.
Men da er de borte plutselig. Jeg finner
dem ikke igjen. Det er gått så mange år,
og blitt så mange svære lag av tid
utenpå alt.
——— Men kom igjen da dere. Kom igjen,
så løper vi og gjemmer oss
alle, alle.

Come Back—

Far inside,
in the space behind my aching knee today,
there's another little knee,
it's a little filthy, and it has scabs.
Also inside my fingers, all five,
there's another hand, a little one,
still a bit nervous, but warm.
And deep inside my skull,
way way inside, other thoughts are poking about,
odd, tiny thoughts, nearly swamped, but they breathe
anyway. Full of excitement, almost joy.
These thoughts sometimes have itches—
they want to go out and play
hide-and-seek with me. Quite often in fact.
But all of a sudden they're gone. I don't know
where they are. So many years have gone by,
and so many heavy coats of time lie
over everything.
——— But do come back, all of you. Come back,
we'll run everywhere and pretend to hide,
every one of us, every one.

[R.B.]

PART III

Antenneskog

Oppe på byenes tak er det store sletter.
Dit krøp stillheten opp da det ikke var plass til den på gatene.
Nå kommer skogen efter.
Den må være der hvor stillheten holder til.
Tre følger på tre i underlige lunder.
Den får det ikke riktig til for bunnen er for hard.
Det blir en glissen skog, en gren mot øst,
og en mot vest. Til det ligner på kors. En skog
av kors. Og vinden spør
—Hvem hviler her
i disse dype graver?

Antenna-Forest

Up on the city's roofs are great plains.
The silence crawled there when no room was left for it on
       the streets.
Now the forest follows.
It has to be where the silence lives.
Tree after tree in strange groves.
They can barely manage since the floor is too hard.
It's a sparse forest, one branch to the east
and one to the west. Until it resembles crosses. A forest
of crosses. And the wind asks
—Who rests here
in these deep graves?

[R.H.]

Høye hus

De himmelhøye husene står og undrer seg på om de er guder.
Oppe i sine skyer står de og ser ned på menneskene.
Vi er som solen, tenker de. Vi er som stjernene.
Udødelige. Med ansikter av is og sne.

Nede i dypet mørkner det av menneskeskarene, som aldri
        kommer til ro.
Lysknipper kastes ned til dem som brød, med smell
        av hundepisker.
For de er utålsomme. — Hva skal allting tjene til, skriker de.
Gi oss en tro, en mening med det hele.

De høye husene står og ser på hverandre med øyner av krystall.
Hva skal vi gjøre med menneskene tenker de ved seg selv.
Vi gir dem leketøy så de skal tie. Vi lar dem beruse seg,
så de kan glemme. Og enda vet de ikke hva de vil.
Skal vi hente solen til dem.
Eller skukke stjernene?

The Sky-high Houses

The sky-high houses wonder if they are gods.
Up in their clouds they stand and look down on everyone below.
We're like the sun, they think, we're like the stars.
Eternal. With faces of ice and snow.

Down in the depths it's dark with masses of restless people.
Bits of light are tossed down like bread, with the crack of
        dog-whips.
Because they're impatient. — What good is it, they scream.
Give us hope, some meaning to it all.

The high houses look at one another with crystal eyes.
What should we do with them, they think.
We give them toys to keep them quiet, let them get drunk
So they'll forget. And still they don't know what they want.
Shall we give them the sun,
Or blow out the stars?

[R.H.]

Problem II

——— hva vi enn gjør,
maskinene
flytter sulten bare to trapper opp,
nå sitter den i hjertet.

Problem 11

——— no matter what we do
the machines
just move the hunger two flights higher,
now it rests in the heart.

[R.H.]

Pusteøvelse

Hvis du kommer langt nok ut
får du se solen bare som en gnist
i et sluknende bål
hvis du kommer langt nok ut.

Hvis du kommer langt nok ut
får du se hele Melkeveiens hjul
rulle bort på veier av natt
hvis du kommer langt nok ut.

Hvis du kommer langt nok ut
får du se Universet selv,
alle lysår-milliardenes summer av tid,
bare som et lysglimt, like ensomt, like fjernt
som juninattens stjerne
hvis du kommer langt nok ut.

Og ennu, min venn, hvis du kommer langt nok ut
er du bare ved begynnelsen

—til deg selv.

Breathing Exercise

If you go out far enough
you'll see the sun as just a spark
in a dying fire
if you go out far enough.

If you go out far enough
you'll see the whole wheel of the Milky Way
turning on the roads of the night
if you go out far enough.

If you go out far enough
you'll see the Universe itself,
billions of light-years, all of time
as just a glimmer, as lonely and distant
as a star on a June night.

And yet, my friend, if you go out far enough
you'll just be at the beginning

—of yourself.

[R.H.]

Se—

Månens tommelfinger blar i nattens bok.
Finner en sjø hvor ingenting er trykt.
Tegner en rett strek. Det er alt
den kan.
Det er nok.
Tykk strek. Rett mot deg.
—Se.

Look—

The moon thumbs through the book of the night.
Finds a lake on which nothing's printed.
Draws a straight line. That's all
it can do.
That's enough.
A thick line. Right to you.
—Look.

[R.H.]

Snutebiller, stankelben

Mye rart under stenene.
Dyr som minner om papirklipp,
strikkede strømper, stumper
av ståltråd eller av garn.

Som Gud satt og gjorde i ventetiden her,
for å få århundrene til å gå
—bukseknapper, hyssing og
smuler av gammelt brød.

Men fuglene fikk han til. Sangen.
Vingeslagene
som fikk hjertene til å slå.

Nå sitter han og vikler stjernetåker.
Som ligner mye på sneglehus,
brennmaneter og rester av gammelt garn.

Weevils, Daddy Longlegs

So many strange things under rocks.
Creatures that look like paperclips,
knitted socks, snippets
of steel wire or yarn—

that God made in the intervals
to get the centuries to pass:
buttons, string,
and bits of stale bread.

But with the birds he did better.
Their song. The wingbeats
that caused their hearts to pump.

Now he's spinning nebulae
that look a lot like snail shells,
burning jellyfish, scraps of old yarn.

[R.H.]

Garnpinner, nål og tråd

Gamle kniplinger har en duft av skyldfrihet,
ligner for tidlige snefall
eller rimfrosten over døde trær.

Millefleur-gobelinene tar deg med inn i en have
hvor det alt er blitt høst. De er vevet av døde roser
og vissent gress.

Der går en tråd, tynn, gjennom alle tider
som prøver å binde tingene sammen,
fange en drøm, men det blir borte.

Tynne nåler, løpende fingre, bøyde nakker.
Ventetider. Sønnene i krigen. Alt de hadde tenkt seg
men som aldri ble av.

Det står er blekrødt merke på ditt kinn en morgen.
Fra puten. En bokstav
som noen sydde der med falmet garn.

Knitting Needles, Needle and Thread

Old lace bears a fragrance of innocence,
looks like an early snowfall
or hoarfrost on dead trees.

The floral tapestries take you into a garden
where it's already turned to fall. They are woven
of dead roses and dried grass.

There's a thread, thin, running through all ages
that tries to weave things together,
to capture a dream that keeps getting lost.

Thin needles, busy fingers, bent necks.
The waiting-times. The sons off in war. All they'd imagined
come to nothing.

One morning there's a pale-red mark on your cheek.
From the pillow. A letter
someone stitched there with faded yarn.

[R.H.]

Bare tynne nåler—

Det er så tynt, lyset.
Og det er så lite av det. Mørket
er stort.
Det er bare tynne nåler, lyset
i en endeløs natt.
Og det har så lange veier å gå
gjennom så ødslige rom.

Så la oss være varsomme med det.
Verne om det.
Så det kommer igjen i morgen.
Får vi tro.

Just Delicate Needles—

It's so delicate, the light.
And there's so little of it. The dark
is huge.
Just delicate needles, the light,
in an endless night.
And it has such a long way to go
through such desolate space.

So let's be gentle with it.
Cherish it.
So it will come again in the morning.
We hope.

[R.H.]

Tikk-takk, tikk-takk

Helmørk himmel, skyfri,
midnightblue
for astronomene på Mount Palomar.
De ser galaxene, melkeveisystemenes
disige spiraler
—verdens urfjærer
trukket opp og verket er i gang
over hele jorden, alle klodene,
tikk-takk, tikk-takk, tikk-takk
inne i alle dyrene, alle menneskenes
hjerter,
tikk-takk, tikk-takk.
Viserne flytter seg, men sakte-sakte
over ansiktene til de døde
og til de levende
og ennå ikke fødte,
som enslags pekefinger,
skygge, eller skyggen av en skygge,
et spindelvev mot pannen din. Din tid. Din død.
Forsiktig, lydløst:
fremtiden
—kan du kjenne den,
—vet du noe?
Tikk-takk, tikk-takk sier det i alle hjertene
på alle klodene, også her—hos ulvene, hos svanene
og hos giraffen der den gresser høyt i sine palmer.

Tick-tick, Tick-tick

The sky all dark, clear,
midnight blue
for the astronomers on Mount Palomar.
They see the galaxies, the hazy spirals
of the Milky Way
—the heavens' watchsprings
tightly wound and at work
over the whole earth, all the planets,
tick-tick, tick-tick, tick-tick
deep in all the animals, all the human
hearts,
tick-tick, tick-tick.
The hands inch up, slowly
over the faces of the dead
and of the living
and of those unborn,
like a kind of forefinger,
a shadow, or the shadow of a shadow,
a web over your forehead. Your time. Your death.
Careful, quiet:
the future
—do you recognize it
—do you know something?
Tick-tick, tick-tick, it says, in all the hearts
on all the planets, here too—in the wolves, the swans,
in the giraffes grazing high in the trees.

[R.H.]

«Halvveis»

Halvveis
bare halvveis
vil vi sanne tankene våre.
Halvveis, bare halvveis
er ordene livet bare
halvveis har jeg levd.
Halvveis er døden, verden
i øynene våre og dypere
kommer du ikke.

"Part Way"

Part way
we will confirm
our thoughts only part way.
Part way, only part way
our words our life it's only
part way I've lived.
Death and the world in our eyes
part way and deeper than that
you won't get.

[R.G.]

Tanker ved Sjodalsvatn

Var det lur-tonen fra alle fossene her
som engang lærte skaldene å kvede
og fødte ordene i Håvamål og trollet i eventyrene?
I ingen land jeg vet om
hørtes så mange horn og harper.
I alle daler, utfor alle skrenter
toner det helt inn in tinningene
av vann som synger, kaller,
lokker deg til drømmer.

Nå er det meste lagt i rør
og mangt er borte, men det må være slik
som det må gå med deg og meg:
Noe må temmes ned og bli til kraft og ånd
men noe må flomme fritt
sånn som sangen fra Gjendeoset borti her
og i blodet vårt,
den som forynger verden.

Thoughts at Lake Sjodal

Was it the mountain-horn played by the waterfalls
that once taught the skalds how to sing
and gave birth to the words in *Hávamál*
and put magic in the stories of trolls?
No country I know of
has heard so many trumpets and harps.
In every valley, down every cliff
the notes go ringing through your temples —
water that sings and calls and
lures you to dreams.

Now most of it's been run into pipes
so the music is gone, but I guess
it's just like with us:
Something's got to be tamed and turned into power and spirit
but something's got to flow free,
like the song from the Gjende Rapids over there
and in our blood,
the one that rejuvenates the world.

[R.G.]

Trær om høsten

—når de har mistet sommeren sin
kan vi gå ut og se hva de er gjort av.
Årenettet, bærebjelkene,
styrke eller tafatthet, ben eller brusk.
Forsvarsløse. Nå
gjennemskuer vi dem.

Trees in Autumn

—when the summer's gone out of them
we can see what they're made of.
The vesseled maze, the spreading beams,
strength or helplessness, bone or cartilage.
Defenseless. Now
we see through them.

[R.G.]

Plutselig. I desember

Plutselig. I desember. Jeg står til knes i sne.
Snakker med deg og får ikke svar. Du tier.
Elskede, så er det altså hendt. Hele livet vårt,
smilet, tårene og motet. Symaskinen din
og alle arbeidsnettene. Reisene våre tilslutt:
　　—under sneen. Under den brune kransen.

Alt gikk så fort. To stirrende øyne. Ord
jeg ikke forsto, som du gjentok og gjentok.
Og plutselig ingenting mer. Du sov.
Og nå ligger de her. Alle dagene, sommernettene,
druene i Valladolid, solnedgangene i Nemi
　　—under sneen. Under den brune kransen.

Lynsnart som når en bryter slås av
blir alle billedsporene bak øyet tonet ned,
visket ut av livets tavle. Eller blir de ikke?
Den nye kjolen din, ansiktet mitt og trappen vår
og alt du bar til huset. Er det borte
　　—under sneen. Under den brune kransen?

Kjæreste venn, hvor er vår glede nu,
de gode hendene, det unge smilet,
hårets lyskrans over pannen din og disse
pikelige glimt i øyet, ditt mot, og
dette overskudd av liv og håp?
　　—Under sneen. Under den brune kransen.

Suddenly. In December

Suddenly. In December. I stand knee-deep in snow.
Talk to you and get no answer. You're keeping quiet.
My love, now it's happened after all. Our whole life,
the smiles, the tears and the courage. Your sewing machine
and the long nights of work. Finally our travels:
    —under the snow. Under the wreath of cedar.

It all went so fast. Two staring eyes. Words
I couldn't catch, that you said over and over.
And suddenly nothing more. You slept.
And now they're all lying here, days and summer nights,
the grapes in Valladolid, the sunsets in Nemea
    —under the snow. Under the wreath of cedar.

Quick as a switch flicking off,
the tracings behind the eye flash out,
wiped from the slate of a life-span. Or maybe not?
Your new dress, my face and our old stairs
and everything you brought to this house. Is it gone
    —under the snow. Under the wreath of cedar?

Dear friend, where is our happiness now,
your good hands, your young smile,
your hair's wreath of light on your forehead and that
girlish glint in your eye, your spirit and
steady abundance of life and hope?
    —Under the snow. Under the wreath of cedar.

Kamerat bak døden. Ta meg ned til deg.
Side ved side. La oss se det ukjente.
Her er så ødslig nu og tiden mørkner.
Ordene blir så få og ingen hører mer.
Kjæreste, du som sover. Evrydike.
　　—Under sneen. Under den brune kransen.

Companion beyond death. Take me down with you.
Side by side, let us see the unknown.
It's so desolate here and the hour is getting dark.
The words are few now and no one's listening anymore.
Dearest, you who are sleeping. Eurydice.
     —Under the snow. Under the wreath of cedar.

[R.G.]

Rom 301

—Ja, nå kan De få komme inn.
De hadde kledt deg i hvitt.
Jeg tok den unge hånden din i min en stund.
Den svarte ikke. Aldri mer.
Den som strøk meg så ofte over håret,
nå siden sommeren. Helt fra pannen
ned i nakken. Som om du søkte
efter noe eller visste noe.
Visste du?

(Hånden din, lille hånden din.)
Den andre har de lagt på brystet ditt
bøyet om en rose. Rødt mot hvitt. En brud
men ikke min.
Så er tiden ute. Noen venter.
(Ansiktet, pannen, hendene.)
Jeg går mot døren,
nordlyset, stjernevrimlen,
ta imot.

Hånden på dørhåndtaket.
Det lille kneppet tilslutt.
Skrittene i korridoren. Klipp-klapp
klipp-klapp. Slik
ender et liv.

Room 301

—All right, you may come in now.
They had dressed you in white.
I held your young hand for a time.
It didn't respond. Never again.
The hand that so often stroked my hair
lately, since the summer. All the way
from my forehead to my neck. As if you were looking
for something or knew something.
Did you know?

(Your hand, your small hand.)
The other one they've laid on your breast,
curved around a rose. Red on white. A bride
but not mine.
Then the time is up. Someone's waiting.
(Face, forehead, hands.)
I walk toward the door;
northern lights, swarm of stars —
be open.

Hand on the doorknob.
The final little click.
Steps in the corridor. Clip-clop
clip-clop. That's how
a life ends.

[R.G.]

Piggtrådvinter

—— Ho.
Da vi giftet oss da var det kaldt, da.
Minst femogtjue harde,
solvervsdag, nittenførr,
krig og kvegpest.
Veien til kjerka var stengt med piggtråd.
Husker vi klatret over skigarden til prestegarden.
—Hei, kjolen din henger fast,
—nei ikke der men der.
Vi tråtte plogfurer over en is-klaka
potetåker opp til presten i serk
som sto klar med skriften.
—*Jag* efter kjærligheten, sa'n. Ja, sa vi.
Men du verden hvor møkkete vi var på bena.
Da vi hadde lagt oss om kvelden
grein vi en skvett, begge to. Gud
vet hvorfor.
Og så begynte det lange livet.

Barbed-wire Winter

—— Boy!
When we got married—now, that was cold weather.
At least twenty-five below,
winter solstice, nineteen forty,
war and rinderpest.
Road to the church was blocked with barbed wire.
I remember we clambered over the rail fence of the parsonage.
—Hey, your dress is caught
—no, not there—over there.
We tramped the furrows of an ice-crusted
potato field, up to the minister
who was in his surplice and had
the Scriptures ready.
—Love is a *path* you must walk, he says. Yes, we said.
But my lord what muddy feet we had!
When we got in bed that night
we cried a dab—both of us. God
knows why.
And then the long life began.

[R.G.]

Symaskinen

Lyst hode over en symaskin,
dypere og dypere ned. Nå sovner hun
oppå den gule kjolen
som skulle vært ferdig nå.
Morgensolen fanger inn en saks
og tre stumper av snelletråd.
Liten gutt kommer lydløst inn en dør:
—Hun sover.
Og stemmen hennes: Å
—jeg sovnet visst.
To øyne mot meg prøvde et smil.
—Har bare littegran igjen.

Nå har du ingenting igjen.
Ikke til fredag, ikke til lørdag
og ingenting som haster mer
hverken for deg eller meg.

The Sewing Machine

A fair head over a sewing machine,
further and further down. And she falls asleep
right on the yellow dress
that was supposed to be ready by now.
The morning sun creeps onto a pair of scissors
and three short ends of thread.
Silently a small boy comes through a door:
—She's asleep.
And her voice: Oh
—I must have dozed off.
Two eyes turned toward me and tried a smile.
—I've just got a little bit left.

Now you've got nothing left.
Not due Friday, not due Saturday
and there's nothing urgent anymore,
not for you or for me.

[R.G.]

Kjente jeg deg?

Kjente jeg deg
egentlig. Noe
du aldri fikk sagt eller
vi lot ligge. Halv-
tenkte tanker. En skygge
som strøk over ansiktet.
Noe i øynene. Nei
jeg vil ikke tro det.
Men det kommer igjen. Natten
har ingen lyd,
bare rare tanker. Ord
som stiger opp av søvnen:
Kjente jeg deg?

Did I Know You?

Did I know you
really. Things
you never quite said or
we let lie. Half-thought
thoughts. A shadow
that passed over your face.
Something in your eyes. No,
I don't want to believe that.
But it comes back. Night
has no sounds,
only strange thoughts. Words
that rise up from my sleep:
Did I know you?

[R.G.]

Det var her—

Det var her. Akkurat her
ved bekken og det gamle nypekjerret.
Sen vår iår, rosene er bleke ennå,
nesten som kinnet ditt
den første morgenen bak døden.
Men det kommer,
bare lyset, bare duften, bare gleden
kommer ikke.

Men det var her
og det var kveld og måne,
bekkesildr
sånn som nå. Ta hånden min,
legg armen der.
Så går vi da
sammen i sommernatten, tause
mot det som
ikke er.

It Was Here—

It was here. Right here
beside the brook and the old rosebush.
A late spring this year, the roses are still pale,
almost like your cheek
the first morning beyond death.
But it's coming,
only the light, only the fragrance, only the pleasure
won't be coming.

But it was here,
it was an evening with a moon,
the brook trickling,
like now. Take my hand,
put your arm there.
And we'll set out
together in the summer night,
silently, toward
what isn't.

[R.G.]

Ildfluene

Det var den aftenen med ildfluene
da vi sto og ventet på bussen til Velletri
at vi så de to gamle som sto og kysset hverandre
under platantreet. Det var da
du sa, halvt ut i luften
halvt til meg:
Den som har elsket lenge
har ikke levd forgjeves.
Og det var da jeg fikk øye på de første
ildfluene i mørket, knitrende
med lysblink rundt hodet ditt.
Det var da.

The Fireflies

It was that evening with the fireflies
while we were waiting for the bus to Velletri
that we saw two old people kissing
under the plane tree. It was then
you said, half to the air
half to me:
Whoever loves for years
hasn't lived in vain.
And it was then I caught sight of the first
fireflies in the darkness, sparkling
with flashes of light around your head.
It was then.

[R.G.]

About the Author

ROLF JACOBSEN, born in 1907, grew up in Oslo, Norway but lived much of his life in Hamar, where he worked as a journalist and newspaper editor during a writing career that spanned more than sixty years. His many volumes of poetry gained universal critical acclaim, and he was revered as one of the great Scandinavian poets of the twentieth century. His poetry has been translated into more than twenty languages. He died in 1994.

About the Translators

ROBERT BLY first met Rolf Jacobsen when he went to Norway on a Fulbright in 1956. (Jacobsen immediately stood out among Norwegian poets because of his willingness to bring telegraph lines, billboards, trains, and high-rises into his poems.) He published his first book of Jacobsen translations in 1977. Bly published the first book of his own poems in 1962 and has since published twelve more books of poems, most recently *Morning Poems* in 1997 and *Eating the Honey of Words: New and Selected Poems* in 1999. He has also published three books of commentary on cultural matters, *Iron John*, *The Sibling Society*, and *The Maiden King*. Helge Torvund has recently published a collection of his poems in Norwegian, *Morgondikt*.

ROGER GREENWALD grew up in New York, where he attended The City College and the St. Mark's in-the-Bowery Poetry Project Workshop. Awards for his poetry and translations include the CBC Radio/*Saturday Night* Literary Award for poetry, the F.R. Scott Translation Prize, the Richard Wilbur Translation Prize, the American-Scandinavian Foundation Translation Prize, and a National Endowment for the Arts Translation Fellowship. He has published one book of poetry, *Connecting Flight*, and several books of poetry in translation, including *The Silence Afterwards: Selected Poems of Rolf Jacobsen* and *Through Naked Branches: Selected Poems of Tarjei Vesaas*. He has also translated the work of Paal-Helge Haugen, Jacques Werup, and Erland Josephson. He lives in Toronto, Canada.

ROBERT HEDIN was born in Red Wing, Minnesota. He is the author, translator, and editor of thirteen books of poetry and prose, most recently *The Old Liberators: New and Selected Poems and Translations.* Awards for his work include three National Endowment for the Arts Fellowships in Poetry, a Bush Foundation Artist Fellowship, a McKnight Foundation Fellowship, a Minnesota State Arts Board Fellowship, and a North Carolina State Arts Council Fellowship. He has taught at Sheldon Jackson College, the Anchorage and Fairbanks campuses of the University of Alaska, the University of Minnesota, St. Olaf College, and Wake Forest University. He serves as Director of the Anderson Center for Interdisciplinary Studies and lives in Frontenac, Minnesota.

The Chinese character for poetry is made up of two parts: "word" and "temple." It also serves as pressmark for Copper Canyon Press.

Founded in 1972, Copper Canyon Press remains dedicated to publishing poetry exclusively, from Nobel laureates to new and emerging authors. The Press thrives with the generous patronage of readers, writers, booksellers, librarians, teachers, students, and funders — everyone who shares the conviction that poetry invigorates the language and sharpens our appreciation of the world.

PUBLISHERS' CIRCLE
Allen Foundation for the Arts
Lannan Foundation
Lila Wallace–Reader's Digest Fund
National Endowment for the Arts

EDITORS' CIRCLE
Breneman Jaech Foundation
Port Townsend Paper Company
Washington State Arts Commission

For information and catalogs:

COPPER CANYON PRESS
Post Office Box 271
Port Townsend, Washington 98368
360/385-4925
poetry@coppercanyonpress.org
www.coppercanyonpress.org

The typeface used here is Aldus, designed by
Hermann Zapf, with titles set in Christiana,
designed by Gudrun Zapf-von Hesse. Book design
and composition by Valerie Brewster, Scribe
Typography. Printed on archival-quality Glatfelter
Author's Text by Malloy Lithographing, Inc.